SECTIONS

DE

PARIS,

PRENEZ-Y GARDE.

DISCOURS prononcé dans la Section de la Butte des Moulins.

SECTIONS

DE

PARIS,

PRENEZ-Y GARDE.

LA FACTION qui a juré de régner, quand les Français viennent de jurer la République, se replie maintenant dans tous les sens pour se glisser jusques dans les Assemblées primaires, et empêcher que la réunion de tous les bons citoyens ne produise le résultat qui fait trembler les méchans. Le piége qu'elle vous tend aujourd'hui est grossier, du moins à des yeux clairvoyans ; mais il peut n'être pas apperçu par ceux qui le sont moins. Il n'a pour objet que d'empêcher les élections d'avoir un résultat, et les corps électoraux de se réunir. Le moyen que la FACTION a mis en avant, présente, à travers vingt absurdités, une apparence de moralité illusoire, de moralité dans les mots, la seule qui soit à l'usage de nos ennemis, et qui peut encore séduire des hommes simples et sans réflexion. Ce moyen consiste dans ce qu'on appelle l'*épuration* des Électeurs; et il faut dire d'abord ce qui s'est passé à ce sujet.

Dès les premiers jours de nos séances, elle avait déjà été proposée dans notre Section (la Butte des Moulins), mais de manière à se renfermer parmi nous. Elle fut appuyée par quelques voix, et complètement réfutée par d'autres. Je fus du nombre de ceux qui la combattirent, et j'avoue que je témoignai quelque honte que, devant des hommes éclairés, on discutât plus long-tems une opinion insoutenable. L'ordre du jour fut adopté presque unanimement.

Hier, cette même proposition reparut à notre tribune, apportée par la Section des *Amis de la Patrie*, qui nous demandaient l'adhésion, et l'on nous dit que cette même mesure avait été adoptée par deux Sections, celle de *Montreuil* et celle du *Muséum*, avec cette différence qu'aujourd'hui l'on propose que chaque Section *envoye la liste imprimée de ses Électeurs aux 47 autres, pour être passés à l'épuration*. Il était clair que la peur des *Terroristes* et des *Royalistes* était un faux prétexte dont on se servait pour abuser la bonne foi et pour violer tous les principes; et comme il est reconnu que la violation des principes est précisément le seul moyen de favoriser les vues pernicieuses de nos ennemis déclarés ou secrets, je crus devoir prouver que l'*épuration* était contraire au bon sens, à la liberté des Assemblées primaires, et que si elle pouvait être exécutable, elle n'aurait d'autre effet que de nous jeter dans un chaos dont il serait impossible de sortir ; et c'est précisément où l'on voudrait nous mener. D'excellens Citoyens énoncèrent la même opinion, et la motivèrent aussi bien qu'il est possible ; et l'arrêté fut encore écarté par l'ordre du jour, à la presqu'unanimité ; mais comme il doit circuler dans les Sections, comme je l'ai entendu appuyer par des sophismes qui seront sûrement répétés ailleurs, et qui n'ayant rien de commun avec le raisonnement, portent seulement sur des considérations insidieuses, capables d'en imposer à l'irréflexion ou à la défiance, également aveugles ; j'ai cru qu'il importoit de traiter ce sujet avec plus de détail, et de façon à ce qu'il ne soit plus possible de faire une question de ce qui n'auroit jamais dû en être une.

Rappellez-vous d'abord ce qu'a été parmi nous *l'épuration* : c'est une invention toute *révolutionnaire*, et cela seul suffirait pour la juger : elle n'a jamais été connue que parmi nous : nous avons fait le mot et la chose, et par conséquent le mot a été en sens inverse, comme tous les mots de la langue *révolutionnaire*, sans exception : les faits parlent. Vous savez tous ce qu'ont été les *épurations* des Jacobins, celles de

(6)

la Commune , celles des *sociétés populaires* , celles des Départemens , celles des Sections , etc. *Epurer* veut dire en soi-même rejeter ce qu'il y a d'impur , et par conséquent il fallait que dans la langue *révolutionnaire* il signifiât rejeter tout ce qu'il y avait de pur , ou même ce qui n'était pas assez impur. Ainsi après le 31 mai, tout ce qui n'était pas *à la hauteur* , tout ce qui n'était point *au pas* , c'est-à-dire, dans la même langue, tout ce qui n'était pas vil, insensé ou pervers, tout ce qui même avait reculé dans le crime , fut rejeté par-tout par *l'épuration*. On sait comme elle s'opérait , par les vociférations des bandits à bonnet rouge , par les sabres des *patriotes* à moustaches : si quelques hommes intacts y échappaient c'était en raison de leur nullité , et alors la Section , ou la *Société* , ou le Département venoient dire à la barre : *la Section régénérée , la Société régénérée , le Département régénéré* , etc. Les monumens existent : vous n'y trouverez pas une exception , et vous savez ce qu'il en est résulté. Enfin , s'il pouvait rester quelque doute sur le sens constamment et uniformément attaché à ce mot *d'épuration* , jusqu'au 9 thermidor , je citerai le rapport du représentant Blutel , que j'ai déjà cité ailleurs (1) , où il est dit , en propres termes , que

____

(1) Dans le *Discours d Ouverture*, au Lycée, qui est sous presse.

dans le Département dont il revenoit, *les mères de famille et les filles vertueuses étoient épurées par les prostituées.* . . . .

Je supprime le reste qui est encore bien plus fort et au-delà de toute imagination.

Dira-t-on que depuis le 9 thermidor, la Convention, les Communes, les Sections, etc., ont fait des *épurations* d'une autre espèce ? Mais prenez donc garde à ce ridicule abus des mots. Dans la Convention, dans les Communes, dans les Sections, etc. on a, depuis le 9 thermidor, dénoncé juridiquement, on a incarcéré ou désarmé ou mis en justice sur des délits formels, ceux qui avaient opprimé leurs concitoyens par l'abus du pouvoir, qui les avaient jetés dans les fers sur des accusations calomnieuses, qui avaient pillé les fortunes particulières et dilapidé la fortune publique, qui avoient trempé leurs mains dans le sang ; en un mot les faux témoins, les voleurs, les assassins, les prédicateurs du meurtre et du crime ; et si l'on appelle cela une *épuration*, si telle est encore sur quelques esprits la force de cette habitude de déraison, née de la trop longue habitude de la langue *révolutionnaire*, souvenez-vous au moins qu'une pareille *épuration*, (puisqu'*épuration* y a) ne peut avoir lieu que dans les tribunaux criminels. Celui du Département de Paris appelle à lui, dans ce même instant, toutes les accusations de ce genre, contre les brigands remis en liberté, au grand scandale de la France indignée, et dont plusieurs ont été nommés et signalés, il y a deux jours, dans la Convention même, comme les porte-étendarts du *terrorisme*; c'est-à-dire du crime, de la rapine et de l'assassinat. Allez donc porter votre *épuration* devant les juges criminels : c'est à eux qu'elle appartient.

J'ai fait voir ce qu'avait été jusqu'ici ce qu'on appelle *épuration* : il faut voir à présent ce qu'elle pourrait être dans le projet qu'on propose, et prouver avant tout qu'elle est en elle-même absurde et directement opposée à tout principe de bon sens et de liberté.

Il est incontestable que nulle Assemblée primaire n'a aucun droit de révision quelconque sur le vœu et le choix d'une autre, puisque toutes votent et choisissent en vertu d'une même souveraineté : je ne crois pas que personne ose le nier. Quel sera donc l'objet, le but, l'effet de cette *censure morale*? car ce ne peut plus être autre chose, dès qu'il ne s'agit plus d'accusations juridiques, que j'ai évidemment écartées. Attribuera-t-on aux quarante-sept Sections le droit d'infirmer et d'annuller le choix d'une seule? On n'a pas osé nous le dire : on s'est enveloppé dans les réticences et les obscurités sur le résultat de l'opération proposée, tant on a senti qu'elle n'en pouvait pas avoir; mais nous avons , nous , répondu d'avance à cette supposition , que dans ce qui concerne la nomination des Électeurs , toutes les Communes · de la France réunies ne peuvent rien sur le choix d'une Commune , attendu que ce choix est censé le produit de la confiance dans les mandataires , et qu'aucune puissance au monde ne peut ni m'interdire ni me commander ma confiance dans ceux que je choisis en vertu de ma portion de souveraineté. Cela est encore évidemment incontestable. Passons à une autre supposition. Vous voyez déjà qu'il ne s'agit plus d'*épuration,* mot qui est pourtant celui de l'arrêté , mot qui supposerait un pouvoir qui n'appartient à personne. Dirat-on que ce n'est qu'une censure , qu'un avertissement qu'une Section peut donner à une autre , et dont chacune fera l'usage qu'il lui plaira ? Mais d'abord il est un peu extraordinaire en soi de supposer qu'un Citoyen puisse être mieux connu ailleurs que dans sa propre Section : ensuite cette espèce d'inquisition personnelle est, par elle-même , à la portée de tout le monde. Les Électeurs ne sont pas nommés *incognito ;* leurs noms sont dans les papiers publics ; ils sont par-tout. Quiconque est ou devient , par les circonstances , un homme public , est , dès ce moment même et par le fait, exposé à la censure générale , sans qu'il soit besoin de l'appeller par aucune mesure particulière.

Tout citoyen qui a des reproches à faire à un Electeur , soit de sa Section , soit d'une autre , peut les publier par la voie de l'impression , et l'usage et l'abus en sont également faciles. Je suppose qu'un honnête homme ait des faits à articuler contre un Electeur , qu'il soit en état de prouver que cet Electeur est un *royaliste* , *un terroriste* , *un agioteur* , *un accapareur* , *un banqueroutier* , *un fripon* , rien ne l'empêche de le dire , de l'imprimer , en signant , comme de raison , et en se rendant responsable de son accusation ; car un honnête homme n'accuse pas autrement ; et alors si la majorité de l'Assemblée primaire décide que l'accusation est fondée et que l'accusé ne l'a pas détruite , assurément elle est bien la maîtresse de procéder à un autre choix ; car celui qui a donné sa confiance est encore alors à temps de la retirer , et en est le maître. Quant à ceux qui sont très-capables de de mentir et de calomnier , mais qui n'osent pas tout-à-fait courir aujourd'hui les risques du mensonge et de la calomnie , oh ! ceux-là ne vous manqueront pas. N'y a-t-il pas le noble moyen des placards anonymes , des libelles anonymes ? Ne peut-on pas , sans compromettre ni son esprit ni sa personne , y entasser toutes les bêtises et toutes les impostures imaginables , à telle fin que de raison ? Il est bien vrai que les gens sensés diront : Celui qui accuse sans se nommer , a signé d'avance qu'il est un calomniateur ; celui qui écrit des sottises sans se nommer, a seulement prouvé qu'il est un sot : mais aussi, graces à l'anonyme, personne ne peut lui dire : C'est toi qui es le calomniateur ; c'est toi qui es un sot : cela court le monde, pendant quelques jours ou quelques heures, plus ou moins, et il y a toujours de bonnes ames qui s'en divertissent beaucoup.

A Rome, il y avoit des censeurs, et c'é-toient deux magistrats choisis parmi les hommes les plus intègres de la Républi-que : aussi, avoir exercé la censure était un titre de haute probité et de grande ver-tu : ils notaient d'infamie et degradaient, par jugement, par autorité légale. Ceux qui ont réfléchi sur l'esprit des Nations et des Gouvernemens, savent qu'une pareille institution ne pouvait subsister que dans une grande austérité de mœurs. Dès que celles de Rome furent corrompues, la di-gnité de censeur ne fut plus qu'un titre : la magistrature politique resta ; la magistra-ture morale disparut. Ces hommes qui ont réfléchi ne sont point du tout étonnés que par la raison des contraires, le mot de *cen-sure* soit aujourdhui sans cesse répété. Comme parmi nous il n'a signifié jusqu'ici que l'inquisition des méchans contre les bons, les délations du vice contre la ver-tu et de l'ignorance contre le talent, il est dans l'ordre qu'au milieu de l'horrible dé-pravation des mœurs, qui de toutes les

(12)

plaies de notre Révolution est la plus pro-
fonde et la plus difficile à guérir, on n'en-
tende parler que de *censure* et d'*épuration*. Pour arriver à celle des Romains,
nous aurions un beau chemin à faire! Mais
s'il en est une qui nous convienne, ce n'est
sûrement pas de revenir au grand principe
de ceux qui ont déshonoré notre Révolution ; principe qui consistait à déchaîner
légalement toutes les passions basses, per-
verses et féroces, cachées dans le cœur de
l'homme; à donner une sanction légale à
tous ces vils moyens de la tyrannie dont
elle a tant usé parmi nous ; à la diffama-
tion, à la délation, à l'espionage ; ce n'est
pas de dire encore une fois, à tout ce qu'il
y a de plus méprisable : Venez dénoncer
tout ce qui vaut mieux que vous. On peut
s'en reposer sur eux ; ils le feront bien sans
qu'on le leur dise. Mais la censure qui nous
convient, c'est le témoignage constant et
uniforme de tous les bons citoyens haute-
ment prononcé contre les pervers ; c'est
leur application infatigable à rétablir, à
proclamer, à consacrer les principes de la
morale, ce qui est une manière de pro-
noncer la sentence des méchans ; à marquer
d'une empreinte inéfacable d'opprobre et
d'exécration, le langage absurde et infâme,
auparavant inconnu parmi les hommes, et
qui a fait si long-tems parmi nous de la
doctrine du crime et du code de l'enfer
le diplôme du *patriotisme* et le catéchisme

de la liberté ; c'est cette fermeté calme, mais intrépide, des hommes purs et irréprochables, qui suffit pour repousser loin d'eux et tenir toujours à une juste distance ces hommes atroces, mais lâches, qui, dès qu'ils se sentent jugés, n'osent pas regarder en face un homme de bien, à moins qu'ils ne puissent l'égorger.

On vous a dit, pour dernier motif qu'il était de l'honneur même des Electeurs de provoquer cette épuration dans toute la Commune de Paris. Cette idée a une apparence de moralité et une sorte d'ostentation et de jactance dans la vertu, qui peut en imposer un moment, quand on ne réfléchit pas. Examinez-là, et vous verrez qu'elle est absolument fausse. L'homme de bien ne provoque ni ne décline le jugement de ses concitoyens ; il l'attend. L'homme de bien ne fait pas à ses commettans cette insulte, de dire à tout le reste de cette immense Commune : « Les » citoyens de ma section, qui me con- » naissent, m'ont honoré de leur confiance ; » mais je ne m'en croirai digne que quand » vous m'aurez donné la votre, vous qui » ne me connoissez pas ». Croyez-vous que ce soit là le langage de la raison et de la vertu ? Caton fut accusé quatre-vingt-deux fois, et quatre-vingt-deux fois confondit ses accusateurs ; mais, jamais il ne s'avisa de dire à tous les Romains, quoiqu'il en fût bien connu : Accusez-moi.

Et j'ajouterai encore , puisque j'en ai l'occasion , qu'à Rome comme dans tous les états libres , on n'a jamais connu que les accusations juridiques , dans lesquelles l'accusateur courait des risques comme l'accusé. L'*épuration* n'a jamais pu être connue que d'un peuple *révolutionné* par la démence ; et si l'on en parle encore , c'est une preuve de ce que j'ai déjà dit ailleurs , que nous ne sommes pas tout-à-fait guéris.

Que produiroit donc aujourd'hui cette censure respective de Section à Section ? Rien , qu'un bruit scandaleux de querelles personnelles , un ferment de discorde qui troublerait ces mêmes Assemblées aujourd'hui si calmes et si imposantes ; qui retarderait la réunion des corps électoraux. Et n'est-ce pas la précisément tout ce que demandent nos ennemis ? Voulez-vous leur donner cette joie ? Citoyens , souvenez-vous d'un mot du grand Frédérick : *Il ne faut jamais faire ce que l'ennemi desire.* Ce mot est vrai dans tous les sens : ce mot est votre leçon.

Rejetez-donc ce reste des ordures *révolutionnaires* , dont on veut encore couvrir , s'il était possible , l'éclat de vos Assemblées ; et si vous craignez que de mauvais citoyens ne soient portés à l'électorat par leurs pareils , vous n'avez qu'un moyen de les écarter , et ce moyen est sûr : c'est la pluralité des honnêtes gens ; qu'ils ne s'endorment pas , quand les méchans veillent ; car ceux-ci ne dorment jamais. Qu'ils se rassemblent assidûment et en grand nombre , et la Patrie sera sauvée.

LAHARPE.

De l'Imprimerie de J. M. CHEVET, Cour de Rohan , entre la Cour du Commerce et la rue du Jardinet , Faubourg Germain.